BEI GRIN MACHT SICH IHR WISSEN BEZAHLT

AF137191

- Wir veröffentlichen Ihre Hausarbeit, Bachelor- und Masterarbeit

- Ihr eigenes eBook und Buch - weltweit in allen wichtigen Shops

- Verdienen Sie an jedem Verkauf

Jetzt bei www.GRIN.com hochladen und kostenlos publizieren

Motivation, Macht und Anreize. Machthandeln und variable Vergütungssysteme in Unternehmen

Moritz Borbonus

Bibliografische Information der Deutschen Nationalbibliothek:

Die Deutsche Nationalbibliothek verzeichnet diese Publikation in der Deutschen Nationalbibliografie; detaillierte bibliografische Daten sind im Internet über http://dnb.d-nb.de abrufbar.

ISBN: 9783346764041
Dieses Buch ist auch als E-Book erhältlich.

Druck und Bindung: Books on Demand GmbH, Norderstedt Germany
Gedruckt auf säurefreiem Papier aus verantwortungsvollen Quellen

Das vorliegende Werk wurde sorgfältig erarbeitet. Dennoch übernehmen Autoren und Verlag für die Richtigkeit von Angaben, Hinweisen, Links und Ratschlägen sowie eventuelle Druckfehler keine Haftung.

Das Buch bei GRIN: https://www.grin.com/document/1291454

Einsendeaufgabe

Bearbeitung Alternative B

abgegeben am 03.07.2020 im Prüfungssekretariat
SRH Fernhochschule

Modul: Allgemeine Psychologie
Studiengang: Wirtschaftspsychologie, Leadership und Management

von
Moritz Borbonus

Studiengang: Wirtschaftspsychologie, Leadership und Management

Inhaltsverzeichnis

Abbildungsverzeichnis

1. Textteil zu Aufgabe 1

Deskriptives Modell des Machthandelns - Welche Auswirkungen hat ein Machtmotiv von Führungskräften?

1.1 Was ist Motivation bzw. ein Motiv

Ein Motiv oder auch Bedürfnis, Ziel oder Interesse entsteht immer aus dem Prozess der Motivation, welches das Verhalten der Person antreibt und lenkt (Welte-Bardtholdt, 2015, S.17). Damit beschreibt die lateinische Übersetzung des Wortes movere, was so viel wie bewegen beutetet, sehr passend „die Ausrichtung des momentanen Lebensvollzuges auf einen positiv bewerteten Zielzustand hin oder von einem als negativ bewerteten weg" (Lippmann & Pfister, 2019, S. 654). Damit ist Motivation dafür verantwortlich, dass das Individuum physische und psychische Aktivitäten einleitet, um ein gewisses Ziel zu erreichen (Welte-Bardtholdt, 2015, S.17). Herunter gebrochen bezeichnet Motivation den Einsatz großer Anstrengungen, um zielgerichtete Bedürfnisse, Motive und Wünsche zu verfolgen und zu befriedigen. Eine Form der Motivation ist das Motivieren von Anderen, bei dem die Situation von außen bspw. durch einen Gehalts-Boni oder von innen durch die Aktivierung von leidenschaftlich geteilten inneren Einstellungen positiv beeinflusst wird (Lippmann & Pfister, 2019, S. 654-655). Eine Hauptaufgabe der Führungskraft ist es damit die Mitarbeiter zu Höchstleistungen zu motivieren und die aktuelle persönliche Lage des Arbeitnehmers in der Beeinflussung seines Verhaltens hinsichtlich der Leistungssteigerung für das Unternehmen zu berücksichtigen (Lippmann & Pfister, 2019, S. 655).

Doch weshalb entscheidet sich ein Mensch für oder gegen ein Ziel? Man spricht hier vom ersten Aspekt zielgerichteten Verhaltens, den Beweggründen oder auch „Anreizen" und somit von der Ausrichtung des individuellen Verhaltens. Unter dem Aspekt der Ausrichtung, sammeln sich also alle Anreize, sei es aus der Tätigkeit selbst (Tätigkeitsanreize) oder als Ergebnis der Zielerreichung (Zweckanreize), weshalb ein bestimmtes Ziel verfolgt wird. Diese Anreize ergeben final jedoch nicht zwingend eine Handlung, da das Individuum zusätzlich die Erfolgswahrscheinlichkeit der Situation bewertet und anschließend abwägt, ob der Aufwand in einem positiven Verhältnis zum zu erwartenden Nutzen steht. Damit besteht ein komplexe Wechselwirkung zwischen den Zielen, Motiven (Beweggründen) und den möglichen Gelegenheiten der Umwelt und deren Erfolgsaussichten. Man kategorisiert in diesem Zuge, drei verschiedene Erwartungen bzw. Realisierungschancen (Lippmann & Pfister, 2019, S. 655-656):

1.) Situations-Ergebniserwartungen:	Die subjektive Wahrscheinlichkeit des Erfolgs ohne eignes Zutun
2.) Handlungs-Ergebniserwartungen:	Die subjektive Wahrscheinlichkeit, das eigenes Zutun zum Erfolg führen
3.) Ergebnis-Folgeerwartungen:	Führt das Ergebnis zu langfristigem Erfolg?

Damit kann also festgehalten werden, dass das Verhalten durch ein Zusammenspiel aus in der Person liegenden Motiven, Bedürfnissen, Zielen und Interessen sowie außerhalb der Person liegenden Faktoren wie Gelegenheiten, Anforderungen und Anreizen entsteht (Lippmann & Pfister, 2019, S. 655; Welte-Bardtholdt, 2015, S. 18).

Im Wesentlichen werden drei Faktoren zielgerichteten Verhaltens differenziert. Dabei wurde der erste Faktor (Ausrichtung des Verhaltens) bereits näher erläutert. Die Ausdauer (Persistenz) und Intensität komplementieren das zielgerichtete Verhalten eines Menschen. Während die Ausdauer, wie das Wort schon beschreibt, das konsistente Weitermachen trotz eventueller Ablenkungen meint, bezieht sich die Intensität auf die subjektiv zu mobilisierende Anstrengung, die aufgebracht werden muss um das Ziel zu erreichen. Da insbesondere das Motiv der Macht Hauptbestandteil anschließender Ausarbeitungen sein soll, präsentiert die nächste Aufzählung vollständigkeitshalber die zwei weiteren Motivthemen der aktuellen Motivationsforschung (Welte-Bardtholdt, 2015, S.17):

1.) Leistungsmotiv:	Hoffnung auf Erfolg vs. Furcht vor Misserfolg
2.) Machtmotiv:	Hoffnung auf Macht vs. Furcht vor Machtverlust
3.) Anschlussmotiv:	Hoffnung auf Anschluss vs. Furcht vor Zurückweisung

1.2 Was ist Macht

Bevor wir den Begriff der Macht und des zuvor beschriebenen Motivs, im Sinne von Motivation miteinander in Verbindung setzten, muss zunächst geklärt werden was Macht ist? Dabei ist zwischen verschiedenen Definitionen je nach Wissenschaft zu differenzieren. Die dieser Arbeit eindringlichsten Definitionen entspringen primär der psychologisch orientierten Definition von Macht. So definierte Northouse (2016, S.10) Macht als Fähigkeit oder Potential Einfluss auf Glauben, Einstellungen und Verhaltensweisen zu nehmen. Dies kommt auch der Definition von Schmalt und Heckhausen (2010 nach Heckhausen & Heckhausen, 2018, S. 245) nahe, die zudem die asymmetrisch verlaufende Verhaltenskontrolle beschreibt, bei der in einem spezifischen Bereich, eine dyadische Beziehung aufgrund von ungleichen Zugriffen auf Machtquellen entsteht.

Doch reicht allein Macht um eigene Interessen gegen Andere durchzusetzen? Yukl (2013, S. 189) verknüpft Macht eng mit den beiden Faktoren des Einflusses und der Autorität und bezeichnet das Ganze als ein Wirkungsgefüge, bei der Autorität streng genommen eine Quelle der Macht ist. Dennoch kann festgehalten werden, dass ein Akteur dann seine Machtposition verbessert, wenn er die Anzahl an Möglichkeiten der Einflussnahme erhöht und sich eine mit Autorität assoziierte Position erarbeitet (Lippmann & Pfister, 2019, S. 939).

Aber warum scheint es manchen Menschen wichtig zu sein eine machtvolle Position zu haben und Anderen nicht? Hierbei spricht man nach Russell (1938/2004, S. 10) von einer ungleichen Verteilung des Machtmotivs, als Wunsch auf andere Personen Einfluss auszuüben (Heckhausen & Heckhausen, 2018, S. 248). So gehört das Machtmotiv, genauso wie das Anschluss- und Leistungsmotiv zu den drei stärksten menschlichen Motiven, beinhaltet jedoch deutliche interindividuelle Ausprägungen hinsichtlich des Machtniveaus (Heckhausen & Heckhausen, 2018, S. 247). Damit haben nach Macht strebende Menschen einen ausgeprägteren Anreiz, Stärke und soziale Wirksamkeit zu erleben, um sich einerseits ihrer Überlegenheit und Kontrolle zu vergewissern und andererseits Handlungsautonomie zu sichern, bei der die Person Entscheidungen aufgrund ihre Machtposition ohne Absprache mit Betroffenen treffen kann (Heckhausen & Heckhausen, 2018, S. 248). Dadurch lässt sich jedoch immer noch nicht klären, wie die Wirkung von Macht von einer Person bei einer Anderen erzeugt wird. Nach dem Wirkungsmodell ergeben sich drei wesentliche Wirkungsebenen, durch die Macht ausgelöst wird (Lippmann & Pfister, 2019, S. 940):

Macht durch die Person (Zwischenmenschlich):

Person A besitzt Charisma, Expertisen, Fähigkeiten, stimulierende Persönlichkeitsmerkmale, Intelligenz, Wortgewandtheit etc. und nutzt dies gegenüber Person B aus, um im sozialen Austausch Einfluss zu nehmen.

Macht durch eine Rolle / Position (Zwischenmenschlich - soziales System):

Person A besitzt in einem System eine Rolle bzw. Position mit Macht und Einfluss aufgrund von legitimierter Belohnung und Bestrafung (Bspw. Gehaltserhöhung oder Abmahnung) sowie Zugang zu sensiblen Informationen.

Macht durch ein soziales System (Soziales System):

Person A besitzt innerhalb eines sozialen System, wie einer Arbeitsgruppe, die informelle Führung und nutzt diese Macht / Position, um Interessen des Teams aber auch der eigenen Person durch Einflussnahme auf Arbeitsgruppenmitglieder durch zusetzten.

Diesen drei Ebenen lassen sich unterschiedliche Machtquellen/-ressourcen zuordnen, die je nach Forscher variieren.

Macht durch die Person (Zwischenmenschlich) - Machtquellen/-ressourcen:

Hierbei liegen die Ressourcen der Macht innerhalb der Fähigkeiten und Fertigkeiten der Person und nicht aufgrund ihrer Position in einem sozialen System wie die einer Organisation. Dazu zählen somit die Macht durch Expertentum, Identifikation, Charisma und rationale Überzeugung (Lippmann & Pfister, 2019, S. 942-943).

Macht durch eine Rolle / Position (Zwischenmenschlich - soziales System) - Machtquellen/-ressourcen:

Hierbei liegen die Ressourcen der Macht innerhalb der mit der Position legitimierten Autorität, die gewisse Einfluss- und Entscheidungsmöglichkeiten bereitstellt. Hierzu zählen somit die Optionen zur Belohnung und Bestrafung von anderen sowie die Legitimation zur Durchsetzung von angebrachten Verhaltensweisen / Normen bzw. Werten, die das soziale System vorschreibt und durch die Führungsposition durchgesetzt werden sollen.

Macht durch ein soziales System (Soziales System) - Machtquellen/-ressourcen:

Hierbei entstehen die Ressourcen der Macht durch den Zugriff auf Informationen aufgrund einer legitimierten Position in einem sozialen System wie bspw. einer Organisation oder aufgrund von gleichen Interessen mit ähnlichem Machtniveau. Dieser Zusammenschluss stärkt unter Umständen die Machtposition beider Parteien und erzielt eine noch einflussreichere Position, um gemeinsame Ziele innerhalb des sozialen Systems durchzusetzen.

Abbildung 1 listet die genannten Machtquellen/-ressourcen nochmals auf:

Quelle		Wirkungsebene
durch die Person	Expertentum	zwischenmenschlich
	Identifikation	zwischenmenschlich
	Charisma	zwischenmenschlich
	Rationale Überzeugung	zwischenmenschlich
durch die Position / Rolle	Legitimation	zwischenmenschlich - soziales System
	Ökologie	zwischenmenschlich - soziales System
	Bestrafung / Zwang	zwischenmenschlich - soziales System
	Belohnung	zwischenmenschlich - soziales System
durch ein soziales System	Information	Soziales System
	Politik	Soziales System

Abbildung 1:   Machtquellen/-ressourcen (Quelle: Eigene Darstellung in Anlehnung an *Lippmann & Pfister*, 2019, S. 944)

1.3 Deskriptives Modell des Machthandelns

Das deskriptive Modell des Machthandelns nach Schmalt und Heckhausen (2010) erklärt das Zusammenspiel von machtmotivierten Menschen und deren Nutzung von Machtquellen gegenüber der zu beeinflussenden Zielperson (Welte-Bardtholdt, 2015, S. 85-86).

1 Schritt:

Der erste Schritt des Modells befasst sich mit der Prämisse, dass die machtausübende Person feststellt, dass sie ihr Ziel nur dann erreichen kann sofern sie bereit ist andere Personen zu beeinflussen. Ihr Ziel ist also vom Zutun andere abhängig und benötigt auf Seiten der zu beeinflussenden Personen eine Lenkung dessen Verhaltens.

2. Schritt:

Im zweiten Schritt gibt der Machtausübende der Zielperson zu erkennen, welches Verhalten von ihr erwartet wird. Lenkt die Zielperson dabei ohne Gegenwind ein, ist der Prozess der machtmotivierten Person bereits zu ihren Gunsten beendet, da sie davon ausgehen kann, dass die Zielperson in ihrem Interesse handeln wird.

3. Schritt:

Nimmt die Zielperson hingegen eine opportunistische Position ein, muss sich der Machtausübende über seine Machtquellen bewusst sein und unter Berücksichtigung der Erfolgswahrscheinlichkeiten ausnutzen (siehe Machtquellen Abbildung 1).

4. Schritt:

Eine weiterer Punkt der Berücksichtigung im Zusammenhang der Erfolgswahrscheinlichkeiten verdient, ist der der eigenen Hemmungen Machtquellen gegenüber der Zielperson auszunutzen. So kann der Machtausübende Angst vor den Machtquellen der Zielperson haben, seine eigenen Fähigkeiten in Frage stellen, aber auch finanzielle oder sozial-gesellschaftliche Folgen befürchten.

5. Schritt:

Hat die machausübende Person ihre Vor- und Nachteile gegeneinander abgewogen und eine positive Kosten-Nutzen-Relation erkannt, werden die passenden Machtquellen gegenüber der Zielperson angewendet.

6. Schritt:

Die Reaktion der Zielperson ist von ihren eigenen Motiven und zu Verfügung stehenden Machtquellen abhängig. Sieht sie auf Basis ihrer eigenen Macht die Möglichkeiten eines Kampfes, so kann dieser direkt durch Widerstand erfolgen oder indirekt durch signalisieren von Zustimmung mit der Absicht, diesen Sachverhalt durch späteres Zutun wieder umzukehren. Erkennt die Zielperson hingegen keinerlei Chance einer opportunistischen Haltung und verfügt über wenig machtvolle Gegenwehr, so kann sie unter missmutiger Miene den Einfluss hinnehmen, Selbstachtung verlieren oder die Anerkennung und den Respekt gegenüber der machtausübenden Person erhöhen.

7. Schritt:

Abschließend verändert ein positiver oder negativer Ausgang des Machthandelns der machtausübenden Person ihren eigenen Zustand. So können eigene Bedürfnisse revidiert, Zielpersonen in einem anderen Licht gesehen, Werte und Normen geändert sowie die Einschätzung zum eigenen Machtniveau angehoben werden.

1.4 Implikationen eines ausgeprägten Machtmotivs auf den Führungsstil

Das Machtmotiv einer Führungskraft ergibt sich bereits durch einen Blick, was Führung laut fast allen auffindbaren Definitionen der Literatur ist. Es werden zwei wichtige Elemente konkretisiert (Lippmann & Pfister, 2019, S. 158):

1. Führung ist die Einflussnahme von Personen auf andere und
2. sie erfolgt gezielt durch Verfolgung von Zielen (organisations- und personenspezifisch)

Damit kann festgehalten werden, dass jede Führungskraft, ob nun aus eigenem Interesse nach Macht strebend oder auf Basis ihre organisationellen Aufgabe, mit Macht handelt um Personen im Interesse des Unternehmens auszurichten. Die Frage die sich stellt, ist inwiefern sich ihr Führungsstil gegenüber ihren Mitarbeitern verändert, sofern sie ein ausgeprägtes und damit über das normale Maß der Position hinaus angemessenes Machtmotiv besitzen.

Laut einer qualitativ angelegten Studie von Hoffmann (2003) nutzen Topmanager vier wesentliche Ressourcen, um ihre Macht zu erhalten oder auszubauen (Spisak & Della Picca, 2016, S. 160):

1.) Leistung und Resultate erzielen (Erfolge vorweisen können)

2.) physische und psychische Stärke ausstrahlen (Belastbarkeit, Durchhaltevermögen, Disziplin, hoher Einsatz, Verlässlichkeit und Glaubwürdigkeit)

3.) tragfähiges Beziehungsnetz aufbauen und nutzen (vertikal und horizontal, innerhalb und außerhalb der Organisation)

4.) „people management skills" - Personalführungsfähigkeiten (Rekrutierung von kompetenten Mitarbeitenden, als Teamplayer auftreten, Teams motivieren)

Ausgehend von diesen, als existenziell zu betrachtenden Quellen der Machterhaltung/-ausbreitung, nutzt eine Führungskraft mit ausgeprägtem Machtmotiv in erster Linie einen autoritären Führungsstil, bei dem er als Machthabender die Ziele bestimmt. Hauptgrund dafür, untergebene Mitarbeiter wenig bis gar nicht im Entscheidungsprozess miteinzubeziehen, ist seine Auffassung als oberste Instanz am besten zu wissen wie verfolgte Ziele effizient erreicht werden können. Zudem steigert die Einflussnahme über das Verhalten seiner Mitarbeiter sein ausgeprägtes Bedürfnis Kontrolle über andere zu haben (Schirmer & Woydt, 2016, S. 166).

Eine nicht außer Acht zu lassende Variable der allgemeinen Betrachtung des Führungsstils einer Führungskraft, ist der moderierende Faktor der Situation. So beschreibt das Kontingenzmodell nach Fiedler das Zusammenspiel eines entweder aufgaben- oder personenbezogenen Führungsstils und der Günstigkeit der Situation. Im Kontext eines ausgeprägten Machtmotivs der Führungskraft, wird also in diesem Modell der aufgabenbezogene Führungsstil präferiert, bei dem die Leistungsergebnisse betont werden und somit produktivitätsorientiert geführt wird. Ob sich die Situation und damit Einflussnahme der Führungskraft auf die Zielperson als günstig ergibt, hängt von den Faktoren seiner eigenen Position (Belohnungs- und Sanktionspotenzial), der Aufgabenstruktur (je strukturierter Aufgabe und klare Ziele desto besser) und seiner Beziehung zum Geführten (Loyalität) ab (Schirmer & Woydt, 2016, S. 175-176).

Festzuhalten ist damit also, dass ein ausgeprägtes Machtmotiv einer Führungskraft autoritär-führend wirkt, um autark Entscheidungen zu treffen und keinerlei Kontrollverlust erleiden zu müssen. Dennoch muss erwähnt bleiben, dass eine Führungsposition kraft ihrer Definition mit Macht ausgestattet sein muss, um zielorientiert hierarchisch untergeordnete Instanzen zu lenken (Neuberger, 2002, S. 11 ff.)

1.5 Entwicklungsherausforderungen für Führungskräfte mit ausgeprägtem Machtmotiv

Aus Sicht einer Organisation aber auch der Führungskraft und ihrer Weiterentwicklung selbst, stellt sich die Frage, welche Rahmenbedingungen gegeben sein müssen, um zielorientiert notwenige Machtquellen zu nutzen ohne ethisch hinterfragbar zu agieren. Damit ergibt sich die Forderung und anschließender Orientierung an einer Führungsethik, um einen Machtmissbrauch auszuschließen. Dabei reicht es nicht, die persönlichen Handlungsmaxime einer Führungskraft als Führungsethik festzulegen, da jeder Vorgesetzter unterschiedliche Auffassungen einer machtausübender Moral besitzt (Schirmer & Woydt, 2016, S. 39-41). Grundlegend muss sich einer Führungskraft ihrer Führungstätigkeit bewusst sein, um Auswirkungen für andere

Personen in das Tun oder Lassen ihrerseits einzubeziehen. Elementarer Aspekt ist also die Akzeptanz der einhergehenden Verantwortung mit der Führungsposition als machtausübender Verhaltensbeeinflusser, der sowohl im Interesse der Organisation aber auch im Interesse der Mitarbeiter agieren muss (Lippmann & Pfister, 2019, S. 285).

Ein vielversprechender Ansatz ist die dialogische Führungsethik, die als prozedurale Ethik zwar nicht in der Lage ist, eine für alle Organisationen gültige Führungsethik zu entwickeln, jedoch die Basis darstellt, anhand derer ein Unternehmen eine solche für sich definieren kann. Dabei denkt die Führungskraft an die Interessen, Lebens- und Arbeitsqualität ihrer Mitarbeiter, trifft faire und ausgewogene Entscheidungen und agiert integer, vertraulich und vertrauensfördernd. So wird schnell deutlich, dass auch bei ausgeprägtem Machtmotiv einer Führungskraft moralische Werte und Normen gegenüber ihren Mitarbeitern bestehen bleiben müssen und geforderte Ergebnisse nicht ohne Rücksicht auf Verluste erwartet werden dürfen (Schirmer & Woydt, 2016, S. 42-43).

Damit eine normative Führungsethik als Schutz für Mitarbeiter, Führungskräfte und Organisationen bestehen kann, sollten Rahmenbedingungen geschaffen werden die eine unternehmensindividuelle Führungsethik umsetzt. So könnten grundsätzliche Verhaltensregeln, Werte sowie Normen des Umgangs und Miteinanders in einem Code of Conduct bzw. Ethikleitfaden manifestiert werden aber auch eine zu vergebene Führungsposition unter Berücksichtigung von ethischen Fragestellungen in Bezug auf die neu erlangte Macht als Vorgesetzter ausschlaggebend für die Besetzung sein. Wichtigstes Kriterium wird wohl die Einhaltung und Umsetzung durch das Top- und Middle-Management sein, um als Vorbilder den moralischen Codex einer ethischen und damit gerechten Verhaltensbeeinflussung der Mitarbeitenden im Sinne eines erfolgreichen Unternehmens zu gewährleisten (Schirmer & Woydt, 2016, S. 44-45).

2. Textteil zu Aufgabe 2

Das Risikowahlmodell von Atkinson und Abgrenzung zum VIE-Modell nach Vroom.

2.1 Abgrenzung des Risikowahl- vom Valenz-Instrumentalitäts-Erwartungs-Modell

Sowohl das Risikowahlmodell nach Atkinson und McClelland sowie das Valens-Instrumentalitäts-Erwartungs-Modell (folgend als VIE-Modell bezeichnet), gehören zu den prozessanalytischen Theorien der Motivationsforschunng. Allgemein gesprochen erklären Prozesstheorien wie Verhalten zustande kommt, ohne ein genaues Ziel, Bedürfnis oder Motiv zu benennen. Damit wird also angenommen, dass menschliches Verhalten das Ergebnis kontinuierlicher und konstanter Entscheidungsprozesse sind (Schirmer & Woydt, 2016, S. 88). Anders ausgedrückt wird davon ausgegangen, dass der Mensch in Folge des Sozialisationsprozesses überdauernde Motive ausgebildet hat, die auch als zeitlich invariable Persönlichkeitsmerkmale bezeichnet werden (Schirmer & Woydt, 2016, S. 93).

Das 1957 entwickelte Risikowahlmodell basiert auf den von Henry Murray 1938 entwickelten Bedürfnislisten und der in der Literatur weiterverbreiteten Annahme, dass drei zentrale Bedürfnisse den Menschen leiten (McClelland, 1985, S.221-372):

1. Anschlussmotiv (Streben nach Zugehörigkeit)
2. Machtmotiv (Streben nach Macht über andere)
3. Leistungsmotiv (Streben, Herausforderungen zu bewältigen)

Die Fokussierung Atkinson und McClelland auf das Leistungsmotiv stellt ein Erklärungsversuch da, weshalb sich Menschen im Prozess der Arbeit ganz unterschiedlich engagieren. Allgemein umfasst die Leistungsmotivation jegliche Tätigkeiten, die einen verbindlichen Gütemaßstab besitzen und somit eine genaue Bewertung von Erfolg oder Misserfolg zulassen. Ob es einer Person nun wichtig ist in einer spezifischen Tätigkeit Erfolg oder Misserfolg zu haben, geht auf ihr Anspruchsniveau zurück, dass sich aus ihren bisher gemachten Erfahrungen mit Erfolg und Misserfolg zusammensetzt. Ist eine Person auf Basis ihrer bisherigen Erfolgs- und Misserfolgserfahrungen erfolgsmotiviert, so überwiegt die Verhaltensdisposition „Hoffnung auf Erfolg" (Schirmer & Woydt, 2016, S. 93). Man spricht hier auch von einem ausgeprägtem Erfolgsmotiv (Motiv, Erfolg zu erzielen) (Welte-Bardtholdt, 2015, S. 59). Dominiert jedoch die „Furcht vor Misserfolg", aufgrund von mehr negativ gemachten Misserfolgserfahrungen, so kategorisiert man das Individuum als misserfolgsmotiviert, da zunächst das Vermeiden des Misserfolgs im Zentrum der Bemühung steht (Schirmer & Woydt, 2016, S. 93). Man spricht hierbei auch von einem ausgeprägtem Misserfolgsmotiv (Motiv, Misserfolg zu vermeiden) (Welte-Bardtholdt, 2015, S. 59).

Das auch als prozessualisierte Inhaltstheorie bezeichnete Risikowahlmodell besteht somit inhaltlich aus drei Hauptkomponenten, die zur Vorhersage zwischen einer eher leichten, herausfordernden oder überfordernden Aufgabe dient (Welte-Bardtholdt, 2015, S. 60):

1.) individuelles Leistungsmotiv:

-Me: Tendenz, Erfolg zu erreichen (Erfolgsmotiv)
-Mm: Tendenz, Misserfolg zu vermeiden (Misserfolgsmotiv)

2.) subjektive Bewertung über Erfolgswahrscheinlichkeit:

- We: Erfolgswahrscheinlichkeit = 1 (Erfolg tritt zu 100 Prozent ein)
- Wm: Misserfolgswahrscheinlichkeit = 0 (Misserfolg tritt zu 100 Prozent ein)

3.) subjektive Einschätzung über die Anreize zur erfolgreichen Bewältigung der Aufgabe:

- Ae: Erfolgsanreiz (Annahme das Erfolg über schwere Aufgabe höheren Anreiz darstellt als Erfolg über leichte Aufgabe)
-Am: Misserfolgsanreiz (Annahme das Erfolg über leichte Aufgaben, zu wenig bis keiner Stärkung des Selbstwirksamkeitserleben führt)

In der Summe ergeben diese drei Kompetenten jeweils ein Produkt, welche miteinander verrechnet werden, um festzustellen ob eine Person optimistisch (Tendenz, Erfolg zu erreichen) oder eher pessimistisch (Tendenz, Misserfolg zu vermeiden) an Leistungsaufgaben herangeht. Man spricht im Endergebnis auch vom leistungsmotivierten Verhalten Tr, welches aus der Verrechnung der Erfolgs- und Misserfolgstendenz resultiert (Schirmer & Woydt, 2016, S. 94).

leistungsmotiviertes Verhalten „Tr" =

Erfolgstendenz (Erfolgsmotiv „Me" * Erfolgswahrscheinlichkeit „We" * Erfolgsanreiz „Ae")
-
Misserfolgstendenz (Misserfolgsmotiv „Mm" * Misserfolgswahrscheinlichkeit „Wm" * Misserfolgsanreiz „Am")

$$Tr = (Me * We * Ae) - (Mm * Wm + Am)$$

Studien ergaben, dass erfolgsmotivierte Menschen tendenziell zu Aufgaben mit mittlerer Schwierigkeit greifen, da sie eine realistische Bewältigungschance fokussieren. Dem gegenüber wählen misserfolgsmotivierte Menschen eher sehr schwierige oder sehr leichte Aufgaben, um negative Gefühle wie Scham und Niedergeschlagenheit im Zuge einer Niederlage zu vermeiden oder externe Umständen als Ursache bei sehr schweren Aufgaben verantwortlich zumachen, um das eigene Selbstkonzept zu erhalten (Kausalattribution). Damit auch misserfolgsmotivierte Personen im Arbeitsalltag auf ein mittleres bis hohes Leistungshandeln geführt werden können, benötigt die Führungskraft extrinsische Anreize wie Belohnung oder Zwang, um Misserfolgstendenzen zu egalisieren (Schirmer & Woydt, 2016, S. 94).

Das VIE-Modell stuft das menschliche Entscheiden zwischen mehreren Alternativen als nutzermaximierendes Entscheidungsverhalten ab und erklärt damit warum die Option gewählt wird, bei der das Produkt aus persönlichem Nutzen und Realisierungswahrscheinlichkeit am größten ist (Schirmer & Woydt, 2016, S. 88). Hauptmarker der Theorie, sind die drei seinem Namen gebenden Komponenten der Valenz, Instrumentalität und Erwartung. Basierend auf dem Weg-Ziel-Ansatz (Path-Goal Approach) nach Georgopoulus, Mahoney und Jones 1957, ergeben sich aufgrund einer Handlung die Konsequenzen eines Handlungsergebnisses (Ergebnisse erster Stufe) und / oder einer Handlungsfolge (Ergebnisse zweiter Stufe).
An einem Beispiel, kann ein Arbeitnehmer durch die Handlung eines Beförderungsgespräches um eine höhere Stelle bitten. Diese Handlung kann durch Zustimmen des Arbeitgebers zum Handlungsergebnis der Beförderung führen und positive sowie negative Handlungsfolgen wie höhere Bezahlung aber auch weniger Freizeit zur Folge haben (Georgopoulus, Mahoney & Jones, 1957, S. 599-611).

Betrachten wir somit die drei Komponenten des VIE-Modells im direkten Vergleich zum Risikowahlmodell:

Risikowahlmodell		Valenz-Instrumentalität-Erwartungs-Modell	
Hauptkomponente	Erklärung	Hauptkomponente	Erklärung
individuelles Leistungsmotiv	zwei Komponenten: - Erfolgsmotiv (Erfolg anstreben) - Misserfolgsmotiv (Misserfolg vermeiden)	Valenz	Inwieweit ist der eintretende Zustand wünschenswert? Das Individuum wägt den subjektiv empfundenen Wert der positiven und auch negativen Handlungsfolge/-ergebnisses (Instrumentalität) gegeneinander ab. Am Bsp.: Für die eine Person ist die Beförderung wichtig und die leidende Freizeit unwichtig, für die andere Person ist es konträr.
subjektive Erwartung der Aufgabenbewältigung	Wahrscheinlichkeit eine Aufgabe zu lösen (Selbstbewertung): - Erfolgswahrscheinlichkeit - Misserfolgswahrscheinlichkeit	Instrumentalität	Beschreibt die Geeignetheit eines Handlungs-ergebnisses (Beförderung) eine anvisierte Handlungsfolge (Gehaltserhöhung) herbeizuführen. Diese kann förderlich (+1) aber auch nachteilig für die Erreichung der gewünschten Handlungsfolge sein.

Risikowahlmodell		Valenz-Instrumentalität-Erwartungs-Modell	
Hauptkomponente	**Erklärung**	**Hauptkomponente**	**Erklärung**
Anreize der Aufgabe	erfolgsmotivierte Personen: - Aufgaben / Herausforderungen mit subjektiv positiv eingeschätzter Erfolgschance zu Erzielung leistungsbezogener Aspekte wie Stolz, Bewunderung und Glück. misserfolgsmotivierte Personen: - Aufgaben / Herausforderungen mit subjektiv unter- oder überfordernder Schwierigkeit zu Vermeidung von negative leistungs-bezogenen Aspekten wie Scham etc.	Erwartung	Grad der subjektiv wahrgenommenen Eintrittswahrschein-lichkeit eines Ergebnisses zwischen sicher (1) und nicht eintritt (0)

Abbildung 2:   Das VIE-Modell im Vergleich zum Risikowahl-Modell (Quelle: Eigene Darstellung)

Zusammengefasst berücksichtigt das Risikowahlmodell nach Atkinson neben dem Leistungsmotiv auch die Situationsvariablen der Erfolgswahrscheinlichkeit und des Erfolgsanreizes. Zielsetzung des Modells ist es also, abhängig von der subjektiv selbsteingeschätzten Erfolgswahrscheinlichkeit (Aufgabenschwierigkeit) und der in Aussicht stehenden Erfolgsanreize (antizipierten Gefühle wie Stolz bei Erfolg und Betroffenheit bei Misserfolg) eine Prognose über die Wahl von Aufgaben mit unterschiedlich hohen Schwierigkeitsgraden zu geben. Es wird somit in diesem Erwartung-mal-Wert-Modell die Erfolgswahrscheinlichkeit (Erwartung) mit der Attraktivität (Wert) unter Gewichtung des Leistungsmotivs (Hoffnung auf Erfolg oder Furcht vor Misserfolg) bemessen. Damit liefert Atkinson et al. den Nachweis, dass die bevorzugte Höhe des Anspruchsniveaus (Aufgabenschwierigkeit) vom Motiv der Person abhängt (erfolgsmotiviert bzw. misserfolgsmeidend) (Rheinberg, 2004, S. 72 ff.).

Das Valenz-Instrumentalität-Erwartungs-Modell nach Vroom hingegen, besetzt die beiden Variablen Wert und Erwartung durch die Konstrukte Valenz (Wert, Anreiz) und Instrumentalitätserwartung (Erwartung). Das Modell geht davon aus, dass Handlungen zu Handlungsergebnissen führen, mit deren Hilfe unterschiedlich hoch gewichtete

Folgen (Valenz) erzielt werden können. Die Instrumentalität bezeichnet dabei die Wahrscheinlichkeit, dass die bevorzugte Folge durch das Handlungsergebnis auch tatsächlich eintritt. Ist also der Zusammenhang zwischen Handlungsergebnis und -folge besonders eng verknüpft (aussichtsreich) und hat die resultierende Folge einen besonders hohen Stellenwert, ist die Antriebskraft (Motivation) umso stärker, das Ziel (Handlungsfolge durch Handlungsergebnis) zu erreichen. Die Summe aller zu erwartenden Folgen ergibt die Gesamtattraktivität des Handlungsergebnisses. Ist das Ergebnis positiv, so fühlt sich die Person angezogen, ist das Ergebnis negativ, so hat das Handlungsergebnis eine abschreckende Wirkung (Rheinberg, 2004, S. 130-131).

Unterschied ist also, dass das VIE-Modell die Variablen Wert (Valenz) und Erwartung (Instrumentalitätserwartung) umfangreicher besetzt. So wird im Konstrukt des Werts nicht mehr nur die positive Selbstbewertung einbezogen, sondern alle subjektiv bewerteten möglichen Handlungsfolgen. Die Durchführung einer Handlung hängt nicht mehr allein von der subjektiven Erfolgseinschätzung ab (Ergebniserwartung) sondern von der Enge des Zusammenhangs zwischen Handlungsergebnis und -folge sowie der Wichtigkeit über das Erreichen einzelner Handlungsfolgen (Instrumentalitätserwartung).

2.2 Risikowahl-Modell in Anwendung

1. Konstrukt: individuelles Leistungsmotiv

Nach Henry Murray, dem ersten Motivationspsychologen, ist das Leistungsmotiv, „Das Bestreben, etwas Schwieriges zustande zu bringen, physikalische Objekte, Menschen oder Ideen zu beherrschen, zu manipulieren oder zu organisieren; dies so schnell und so selbstständig wie möglich zu tun; Hindernisse zu überwinden und einen hohen Leistungsgrad zu erreichen." (Psychologie Uni Heidelberg, 2020). Hierzu entwickelte der US-Amerikaner einen Test, um das angesprochene Leistungsmotiv eines Menschen zu bestimmen. Die von McClelland 1953 überarbeitete Version des TAT (Thematischer Apperzeptionstest) wird trotz der Kritik aufgrund fehlender empirischer Beweise noch heute angewendet, da es schlicht an validen Alternativen fehlt. Inhaltlich werden beim TAT Bilder sozialer Situationen vorgelegt, die der Proband frei deuten soll. Daraufhin werden für leistungsbezogene Gedanken Punkte vergeben, die auf ein ausgeprägtes Leistungsmotiv hindeuten sollen. Wie bereits mehrfach erwähnt, ermöglicht das Risikowahl-Modell von Atkinson, als vielleicht wichtigste Theorie der Leistungsmotivationsforschung, eine Prognose darüber, welche von den zu Verfügung stehenden Leistungsaufgaben gewählt wird. Annahme ist das ein Mensch auf Basis bereits gemachter Erfolge und Misserfolge einen Gütemaßstab oder im Fachjargon Anspruchsniveau gegenüber seiner Leistung hat und somit entweder mit der Tendenz des Erfolgeintritts oder der Misserfolgsvermeidung an eine Aufgabe herantritt. So gibt es Schüler deren Anspruch es ist eine Klausur zu bestehen (Misserfolgsmeidend) und wiederum andere die mindestens die Note 2 haben wollen (Erfolgssuchend) (Psychologie Uni Heidelberg, 2020).

In Bezug auf die vorliegende Aufgabenstellung des Moduls „Allgemeine Psychologie" standen drei verschiedene Aufgaben zu Auswahl, welche anhand des Risikowahl-Modells von Atkinson den Bearbeiter zu einer Abwägung im Sinne seines eigenen Gütemaßstabs (Anspruchsniveau) gezwungen hat. Bevor die Wahl getroffen wurde, muss zunächst festgestellt werden, welche ´resultierende Tendenz´ (Tr = Erfolgssuchend versus Misserfolgsmeidend) prägend war. Studien wie die von Atkinson und Moulton konnten die Tendenz feststellen, dass erfolgsorientierte Menschen eher mittelschwere Aufgaben mit realistischer Erfolgschance wählen, während misserfolgsmeidende Personen tendenziell eher unter- oder überfordernde Aufgaben wählen. Ziel ist es also herauszufinden, welcher der beiden Gruppen der Bearbeiter angehört, um zu prüfen, ob die gewählte Aufgabe mit den angesprochenen empirischen Prämissen übereinstimmt. Ob ein Mensch die resultierende Tendenz Tr „Hoffnung auf Erfolg" oder „Furcht vor Misserfolg" hat, ergibt sich aus der Verrechnung der beiden Gleichungen von Te (Erfolgstendenz) und Tm (Misserfolgstendenz). Beide Formeln setzten sich aus den bereits betrachteten Variablen des Erfolgs- oder Misserfolgsmotivs (Me oder Mm), also den generalisierten Erwartungen aus bisherigen Erfahrungen mit Leistungssituationen, der subjektiven Erfolgswahrscheinlichkeit (We) bzw. Misserfolgswahrscheinlichkeit (Wm) und der Valenz zusammen, die dem subjektiv beigemessenen Wert des Erfolgs (Ae) bzw. Misserfolgs (Am) entspricht (Psychologie Uni Heidelberg, 2020).

Bezogen auf den Bearbeiter dieser Aufgabe, kann aufgrund eines erfolgsorientierten Gütemaßstabs, bei dem mindestens die Note 2,3 resultieren sollte, gemäß des oben angebrachten Beispiels der Schüler von folgender stabilen Persönlichkeitsdisposition ausgegangen werden:

Me (Erfolgsmotiv) > Mm (Misserfolgsmotiv)

2. Konstrukt: subjektive Erwartung der Aufgabenbewältigung

In Bezug auf die Erfolgswahrscheinlichkeit bzw. Misserfolgswahrscheinlichkeit (We und Wm) einer Aufgabe, bevorzugt der Bearbeiter mit einem ausgeprägteren Erfolgsmotiv im Vergleich zum Misserfolgsmotiv (Me > Mm) mittelschwere Aufgaben mit realistischer Erfolgschance, da der Anreiz über den Erfolg einer Aufgabe umso größer ist, je schwerer eine Aufgabe zu sein scheint. Mittelschwere Aufgaben ermöglichen also ein relativ großen Anreiz (Ae) bei realistischer Einschätzung einen Erfolg zu erzielen. Die bevorzugte mittlere Aufgabenschwierigkeit und damit Erfolgswahrscheinlichkeit (We) liegt also aufgrund des überwiegen des Erfolgsmotivs (Me > Mm) bei We = 0,5. Da sehr leichte Aufgaben eine Erfolgsaussicht von 1 und sehr schwere (überfordernde) Aufgaben eine Erfolgswahrscheinlichkeit von tendenziell 0 haben. Zusammengefasst lässt sich also für den Bearbeiter resümieren, dass er aufgrund einer stabilen Persönlichkeitsdisposition von Me (Erfolgsmotiv) > Mm (Misserfolgsmotiv), zu mittelschweren und damit realistisch zu bestehenden Aufgaben tendiert und die Bearbeitung der vorliegenden Aufgabe im Modul „Allgemeine Psychologie" diesem Anspruch entsprach (Psychologie Uni Heidelberg, 2020).

3. Konstrukt: Anreiz der Aufgabe (Wert des Erfolgs bzw. Misserfolgs - Valenz)

Letzter Punkt in Anbetracht der Aufgabenwahl für den Bearbeiter ist der subjektive Wert des Erfolgs bzw. Misserfolgs (Valenz) oder anders ausgedrückt, der zugeordnete Anreiz eine Aufgabe erfolgreich bewältigen zu können. Als erfolgsorientierte Person geht es um die Erzielung von leistungsbezogenen Gefühlen wie Stolz und Anerkennung durch herausfordernde, wenn auch realistisch machbare Aufgaben, während misserfolgsmeidende Personen Aufgaben wählen, die Gefühle wie Scham und Selbstwertminderung aufgrund ihrer Aufgabenschwierigkeit ausschließen. So wählen wie bereits mehrfach erwähnt, misserfolgsmeidende Personen (Me < Mm = Misserfolgsmotiv prägnanter) Aufgaben leichter Schwierigkeit, da ein Misserfolg unwahrscheinlich ist, Gefühle wie Stolz und Anerkennung jedoch nicht eintreten, da mit geringerer Aufgabenschwierigkeit auch subjektiv weniger Wert des Erfolgs (Am > Ae) einhergeht. Wählen misserfolgsmeidende Personen überfordernde Aufgaben und generien den wahrscheinlichen Misserfolg, so können aus kausalattributionaler Sicht externe Umstände zum Schutze des eigenen Selbstkonzepts (Vermeidung Scham etc.) verantwortlich gemacht werden.

In Bezug auf die bearbeitende Person, seinem prägenderen Erfolgsmotiv im Vergleich zum misserfolgsmeidenen Motiv (Me > Mm) und der resultierenden mittleren Aufgabenschwierigkeit mit einer subjektiven Erfolgswahrscheinlichkeit von We = 0,5, ergibt sich bei Einhaltung seines Anspruchsniveaus von mindestens Note 2,3 eine Ae (Wert des Erfolgs) von + 0,5, bei 2,2 oder besser +0,5 bis +1 und bei einer Note unterhalb seines Gütemaßstabs (schlechter Note 2,3) +0,4 bis 0. Im Vergleich resultiert der Wert des Misserfolgs bei Personen mit prägnantem Misserfolgsmotiv zwischen -1 bei Misserfolg und neutraler 0 (keine Gefühle wie Scham) bei Erfolg (Psychologie Uni Heidelberg, 2020).

3. Textteil zu Aufgabe 3

Unterschiede intrinsischer und extrinsischer Motivation: Welche Vor- und Nachteile haben variable Vergütungssysteme in Unternehmen?

3.1 Wiederholung Motivation und Anreiz

Bevor die intrinsische von der extrinsischen Motivation differenziert werden kann, muss die Definition der Motivation und des Anreizes ein letztes Mal präsent gemacht werden. Herunter gebrochen bezeichnete Motivation, den Einsatz großer Anstrengung um zielgerichtete Bedürfnisse, Motive und Wünsche zu verfolgen und zu befriedigen. Motivation ist somit dafür verantwortlich, dass das Individuum physische und psychische Aktivitäten einleitet, um ein gewisses Ziel zu erreichen (Welte-Bardtholdt, 2015, S.17). Damit ein Ziel bzw. Bedürfnis aktiviert wird, benötigt es ein zielgerichtetes Verhalten durch passende Anreize. Erst durch den Beweggrund (Anreiz) in Kombination mit der Abwägung über die Wahrscheinlichkeit, dass das zielgerichtete Verhalten bzw. die zielgerichtete Handlung den erhofften Erfolg bringt, entscheidet über ein Für oder Wider der Ausführung.

Damit kann also festgehalten werden, dass das Verhalten durch ein Zusammenspiel aus in der Person liegenden Motiven, Bedürfnissen, Zielen und Interessen sowie außerhalb der Person liegenden Faktoren wie Gelegenheiten, Anforderungen und Anreizen entsteht (Lippmann & Pfister, 2019, S. 655; Welte-Bardtholdt, 2015, S.18).

3.2 Abgrenzung intrinsischer und extrinsischer Motivation

Die Frage weshalb eine Person aus freien Stücken und voller Leidenschaft einen 42 kilometerlangen Marathon läuft und eine andere Person dies nicht einmal für 1.000 Euro in Erwägung ziehen würde, bildet als Beispiel die Basis mit der Menschen gewisse Tätigkeiten freiwillig verfolgen oder Anreize benötigen, diese auszuführen. Unterscheiden wir somit intrinsischer von extrinsischer Motivation:

Intrinsische Motivation:

Spielt Belohnung keine Rolle und löst die Handlung selbst befriedigende Gefühle bei der Person aus, so spricht man von intrinsischer Motivation. Das Individuum führt die

Tätigkeit also seiner selbst Willen aus, ohne durch einen externen Anreiz wie Bezahlung, Anerkennung, Beförderung etc. dazu motiviert worden zu sein. Gemäß des synonym stehenden Satzes: „Der Weg ist das Ziel", besitzt die Tätigkeit selbst genügend Anreiz für die Person, diese auszuführen ohne einen abschließenden Belohnungsanreiz (Geld, Prestige etc.) in Aussicht zu haben (Lippmann & Pfister, 2019, S. 660). Dies kann nach einer Intensivstudie von Csikszentmihaly mit 200 Personen, in ein sogenanntes Flow-Erleben münden, bei dem es sich für die Person um „das selbstreflexionsfreie, gänzliche Aufgehen in einer glatt laufenden Tätigkeit, bei der man trotz voller Kapazitätsauslastung, das Gefühl hat, den Geschehensablauf noch gut unter Kontrolle zu haben" handelt (Heckhausen & Heckhausen, 2018, S. 380).

Extrinsische Motivation:

Extrinsische Motivation hingegen, benötigt wie das Wort extern schon beschreibt, von außen kommende Anreize, die die Person dazu motivieren eine bestimmte Tätigkeit auszuführen. Belohnende Anreize wie die in Aussicht stehende Beförderung, das Gehalt am Ende des Monats oder die ersehnte Kandidatur am Ende eines Wahlkampfes sind Beispiele extrinsisch motivierter Handlungen. Würde der lohnende Anreiz nicht bestehen, so würde die Person die Handlung nicht in Erwägung ziehen. Extrinsische Motivatoren wie das Entgelt am Monat machen eine Tätigkeit wie die des eigenen Berufes erst handlungsinitiierend, da ohne den passenden Anreiz eine Ausführung ausgeschlossen werden würde (Lippmann & Pfister, 2019, S. 660; Welte-Bardtholdt, 2015, S. 107).

Ein nicht außer Acht zu lassender Faktor für Führungskräfte und Organisationen ist mit Wissen von intrinsischer und extrinsischer Motivation, die Wechselwirkung beider Felder und dem potentiellen Verdrängungseffekt von extrinsischen Motivatoren. So gibt es genug Tätigkeiten, die sowohl aus intrinsischer Sicht verfolgt werden und dem Individuum großen Spass bereiten, sie sich jedoch über die externe Belohnung im Sinne eines extrinsischen Motivator freuen und darauf angewiesen sind. Beispielhaft hierfür sind alle Menschen, die einen Beruf mit Leidenschaft verfolgen und ihre Arbeit selbst nicht als Arbeit bezeichnen. Diese gehen nach dem Konzept der intrinsichen Motivation voll und ganz in ihrer Tätigkeit auf, freuen sich und sind dennoch auf eine Bezahlung angewiesen, um ihren Lebensunterhalt zu finanzieren und eine grundlegende Wertschätzung zu erhalten.
Die Wechselwirkung von intrinsischer und extrinsischer Motivation steht im besten Fall unterstützend zueinander, indem der Arbeitstätige in seinem Job aufgeht (intrinsische Motivation) und dennoch Anerkennung und Entgelt erhält (extrinsische Motivation). Demgegenüber können extern gegebene Motivatoren wie eine in Geld ausgedrückte

Belohnung, intrinische Motivation beschneiden, indem die zuvor freiwillig und auf dem eigenen Engagement begründete intrinsisch motivierte Tätigkeit, einen Autonomieverlust nach sich zieht. Voraussetzung warum sich Menschen intrinsisch motiviert fühlen, sind das Gefühl der Autonomie, Kompetenz und sozialer Eingebundenheit in Verbindung mit der Tätigkeit selbst und weniger wie vielleicht angenommen das „Tun" der Handlung. Diese drei angesprochenen Voraussetzungen, bezeichnen Deci und Ryan (2000) als psychologische Basisbedürfnisse, die genauso essentiell und verankert sind wie die Bedürfnisse nach Nahrung, Kleidung und Schlaf etc. und damit intrinsische Motivation begründen (Welte-Bardtholdt, 2015, S. 109). Wird nun die zuvor beschriebene Kontrolle und verspürte Wirksamkeit durch einen externen Anreiz belohnt, kann dies zu Folge haben, dass die Person einen Autonomieverlust empfindet und die zuvor aus intrinsischer Motivation heraus verfolgte Tätigkeit, nun ausschließlich aus den extern gelieferten und belohnenden Anreizen vollzieht (Lippmann & Pfister, 2019, S. 660). Dies erwies und bezeichnete Deci 1971 als Korrumpierungseffekt und machte durch seine Studie deutlich, dass Menschen weniger häufig die zuvor intrinsisch verfolgte Tätigkeit vollziehen, sofern sie im Anschluss eine Belohnung erhalten. Dies war besonders auffällig bei Menschen die zuvor über die Belohnung informiert wurden und für ihr Engagement anstatt für ihre Leistung belohnt wurden (Welte-Bardtholdt, 2015, S. 108).

3.3 Spanne intrinsisch und extrinsisch motivierten Verhaltens

In Bezug auf die angesprochenen Basisbedürfnisse nach Deci und Ryan (2000) ist menschliches Verhalten besonders dann intrinsisch motiviert, wenn ein starkes Autonomie- und Kompetenz-Erleben verspürt wird sowie eine soziale Eingebundenheit mit anderen gegeben ist. Die Person verspürt bei Erfüllung der angesprochenen Basisbedürfnisse ein hohes Maß an selbstbestimmten Verhalten, was positive Effekte auf ihre Verhaltensausdauer und Befinden hat. Nach Deci und Ryan bestehen vier Abstufungen zwischen intrinsisch und extrinsisch motivierten Verhalten. Je höher die Selbstbestimmung über die Tätigkeit, desto positiver sind die Effekte auf die zuvor genannten Faktoren der Persistenz des Verhaltens sowie des Befindens einer Person (Welte-Bardtholdt, 2015, S.109).

| externale Regulation: | Verhalten wird durch äußere Belohnung oder Bestrafung reguliert. Es besteht keine Basisbedürfnisbefriedigung (Autonomie, Kompetenz, Eingebundenheit). |
| introjizierte Regulation: | Handeln, um Schuld und Angst zu vermeiden. Es besteht kaum Bedürfnisbefriedigung. |

identifizierte Regulation: Handeln in Übereinstimmung mit seinen Werten und Idealen. Es besteht bereits ein umfangreiches Maß an Basisbedürfnisbefriedigung.

intrinsische Motivation: Handeln um seiner Selbst willen. Es besteht ein signifikant hohes Maß an Basisbedürfnisbefriedigung.

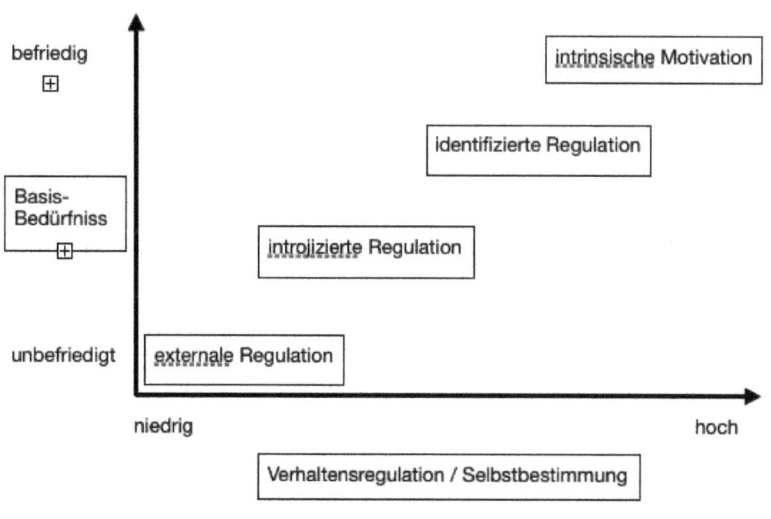

Abbildung 3:   Basisbedürfnisse im Vergleich zur Verhaltensregulation (Quelle: Eigene Darstellung in Anlehnung an *Deci und Ryan* (1985); *Deci und Ryan* (2000), zitiert nach *Welte-Bardtholdt*, 2015, S. 108-109

3.4 Intrinsische und extrinsische Motivation im Führungsprozess

Nachdem die Begrifflichkeiten definiert wurden, kann man schnell davon sprechen, dass intrinsische Motivation die weitaus bedeutendere der beiden Motivationsformen ist, da sie aus der Überzeugung der Person selbst entsteht. Aus Organisationssicht, ist eine Person mit intrinsisch motivierter Position gegenüber ihrer Tätigkeit von Vorteil, das Erreichen von Zielen ist jedoch im Arbeitsalltag aber auch in der persönlichen Entwicklung geprägt von Dingen, die unweigerlich gemacht werden müssen, um das anvisierte Bedürfnis (Ziel) zu befriedigen. Damit lässt sich wiederholen, dass die

Wechselwirkung aus beiden Lagern entscheidend für die Zielerreichung ist und die Führung Arbeitsbedingungen schaffen sollte, bei der extrinsische Anreize und intrinsische Motivation des Arbeitnehmers im Einklang zueinander stehen, um Menschen dazu zu verleiten sich über das übliche Maß hinaus zu engagieren.

Inhaltstheorien widmen sich in diesem Zusammenhang der Frage: „Welcher Anreiz Menschen motiviert ?", während Prozesstheorien den Ablauf motivierten Handelns betrachten.

3.5 Definition variabler Vergütungssysteme

Variable Vergütung ist der an die Leistung geknüpfte Anteil einer Gesamtvergütung und damit abhängig von dem Endergebnis einer Arbeit bzw. dem Ausmaß des Erfolgs orientiert an zuvor festgelegten Messgrößen. Ziel ist es somit, den Beschäftigten über sein normales Maß an Engagement zu motivieren höhere Leistungen zu erbringen, um den leistungsabhängigen Teil der Vergütung zu maximieren. Grundgedanke ist also, dass ein fixes Grundgehalt vereinbart wird, dass in der Regel unter den Erwartungen des Arbeitnehmers liegt, er dieses jedoch deutlich aufbessern kann, indem eine Provision-, Prämien- oder Bonuszahlung als Anreizsystem etabliert wird. Werden jedoch beispielsweise Firmenbeteiligungen in Form von Aktien ausgeschüttet, in die Altersvorsorge des Arbeitnehmers investiert oder Vergünstigungen gewährt, zählen diese streng genommen nicht als Form variabler Vergütung (allwin, 2020).

3.6 Vor- und Nachteile variabler Vergütungssysteme in Bezug auf intrinsische und extrinische Motivation

Einer Längsschnittstudie im Auftrag des BMAS (Bundesministerium für Arbeit und Soziales) und dem IAB (Institut für Arbeitsmarkt- und Berufsforschung) 2012/2013 sowie 2016/2017 nach, zählt die variable Vergütung für rund 60 Prozent aller Betriebe zu einem festen Modell der Lohnentrichtung. Dabei setzten insbesondere die großen Betriebe mehr als die Kleinen auf diese Art der Entlohnung (Bundesministerium für Arbeit und Soziales, 2018). Die Frage die sich in Bezug auf diese Form der Vergütung stellt, sind die Auswirkungen auf die intrinsische und extrinsische Motivation des Arbeitnehmers. Nach Pfister und Lippmann (2019, S. 670) werden die Nachteile variabler Vergütungssysteme umso größer, je komplexer und wissensintensiver die zu bewältigende Aufgabe ist. Konträr des zu oft angenommenen Eindrucks der Wirtschaft, Motivation folge dem einfachen Schema: „Je mehr Lohn, desto mehr Leistung", wurde dies bereits durch einige Studien, wie die von Nobelpreisträger Daniel Kahnemann und Ökonom Angus Deaton sowie dem Psychologen Andrew T. Jebb relativiert. Die Forscher errechneten, dass es 81.000 Euro Bruttogehalt im Jahr benötigt um glücklich zu sein. Ein weiteres Plus habe keinen signifikanten Effekt auf das Gemüt der Person (Stern, 2020). Aus Sicht der Forschung ist die Euphorie variabler Vergütungssysteme in Relation zu ihren Nachteilen nicht gerechtfertigt, auch wenn diese Form der Leistungslöhne als Kennzeichen fortschrittlicher Unternehmen gilt. Beschäftigen wir uns mit den wichtigsten Vor- und Nachteilen sowie deren Auswirkungen auf die Motivation des Arbeitnehmers:

1.) Messproblem

Gemäß des bereits im letzten Absatz angesprochenen Satzes, dass variable Vergütungssysteme mit steigender Komplexität der Aufgabe mit mehr Nachteilen behaftet sind, macht deren Nutzung bei einfachen Aufgaben nachweislich Sinn. Beispielhaft hierfür sind Akkordarbeiten, deren Fokus auf hohen Produktionsmengen bei möglichst geringer Arbeitszeit sind und Mitarbeiter bei bleibender Qualität für hohe Stückzahlen mehr Lohn erhalten. Arbeitnehmer einer stupiden Tätigkeit, wie die einer Produktionsstätte mit gleichbleibender Aufgabe, werden aus intrinsischer Sicht keine Motivation empfinden die Arbeit seiner selbst Willen zu tun. Es benötigt somit extrinsische Anreize, wie die Aufbesserung des Lohns durch Prämien, Boni oder Provision, um motiviertes Verhalten auszulösen.

Nachfolgende Tabelle kategorisiert Probleme variabler Vergütungssysteme in Bezug auf deren Auswirkungen auf intrinsische und extrinsische Motivation mit Rückbezug auf die Komplexität der Tätigkeit:

Problembereiche (nach Pfister & Lippmann, 2019, S.670 ff.)	Erklärung	Intrinsische Vorteile	Intrinsisch Nachteile	Extrinsisch Vorteile	Extrinsisch Nachteile
Team	Zurechnungsproblematik im Zuge der Zuschreibung einer Einzelleistung aus der Gesamtleistung	Stärkung des Basisbedürfnisses sozialer Eingebundenheit mit anderen	Schwächung der eigenen Autonomie, da das Potential besteht, dass andere die Gesamtleistung für sich mit nutzen aber selbst unbeteiligt waren (Trittbrettfahrerproblem)	Schaffung des Potentials, als Team eine Leistung zu erbringen, die allen einen höheren variablen Leistungslohn einbringt	Engagierte Einzelperson muss sich damit zufrieden geben, dass die Belohnung für das gesamte Team gleichmäßig verteilt wird, obwohl Trittbrettfahrer keine Leistung erbracht haben
Selektion	Anziehen von ausschließlich extrinsisch motivierten Mitarbeitern. Auf der Strecke bleiben von geltenden Zielen und Normen des Unternehmens	Ist eine Person aus intrinsischer Sicht äußerst engagiert für ihre/seine Arbeit, so besteht die Chance der Stärkung des Basisbedürfnisses der eigenen Kompetenz, sofern i.V. ausschließlich extrinsisch motivierte Arbeitnehmer angezogen werden jedoch in keinerlei Weiterbildung investieren	Person schränkt evt. bestehende intrinsische Motivation ein, da sie davon ausgeht, dass alle anderen die Tätigkeit aus rein extrinsischem Interesse vollziehen	Rein extrinsisch motivierte Arbeitnehmer profitieren von variablen Leistungslöhnen, da sie ohne diesen Anreiz kein Interesse daran hätten, mehr als Dienst nach Vorschrift zu machen	Bleibt eine Leistung hinter den Erwartungen des Arbeitgebers und entfällt der Leistungslohn für die extrinsisch motivierte Person, so bestehen keine zusätzlichen Motivatoren wie bei einer intrinsisch motivierten Person, um mit Ehrgeiz an die nächste Aufgabe heranzutreten

Problembereiche (nach Pfister & Lippmann, 2019, S.670 ff.)	Erklärung	Intrinsische Vorteile	Intrinsisch Nachteile	Extrinsisch Vorteile	Extrinsisch Nachteile
Manipulation	Maximierung des persönlichen Profits auf Kosten interner und externer Stakeholder (For the Manager, the Million is just a mouse-click away!)	Steigert eine intrinsisch motivierte Person seine Leistung durch Manipulation, profitiert einerseits sein variables Einkommen und das Basis-bedürfnis der eigenen Kompetenz und Autonomie	Die Hemm-schwelle zu manipulieren ist für eine extrinsisch motivierte Person (A) deutlich geringer als für eine intrinsisch motivierte (B). Dies könnte zu Folge haben, dass A B zuvor kommt und B einen Autonomie-verlust erleidet	Steigert eine extrinsisch motivierte Person seine Leistung durch Manipulation, erhöht es seine leistungs-abhängige Entlohung	Im Falle der Aufdeckung der Manipulation entfallen jegliche extrinsischen Anreize wie die des variablen Leistungs-lohns, das Vertrauen ggü. Stakeholdern, sein Ansehen im Unternehmen etc.
Verdrängung	extrinsische Motivation verdrängt intrinsische Motivation (Korrumpie-rungseffekt)	Als Gegenteil kann eine intrinsisch angespornte Person, aus dem Wettkampf des Korrumpier-ungseffekt (Extrinsik vs. Intrinsik) zusätzlichen Ehrgeiz entwickeln, da sie nicht akzeptieren möchte, dass ihre einst so präsente intrinsische Motivation beschnitten wird	Variable Leistungs-löhne haben eine negative Wirkung (Verdrängung intrinsischer Motivation), wenn eine hohe intrinsische Motivation gefragt ist. Das hat zu Folge das zuvor intrinsisch motivierte Personen diese Motivation ablegen und ebenso aus-schließlich aus extrinsischen Anreizen agieren	Hat der extrinsische Anreiz des variablen Leistungs-lohns die intrinsische Motivation verdrängt, besteht für das Unternehmen die einfache Formel: Erhöhung des leistungs-abhängigen Lohns = Erhöhung der Arbeits-leistung	Verdrängt die extrinsische die intrinsische Motivation, besteht keine Opposition, die die Erwartungen an die extrinsischen Anreize im Schach hält. Dies könnte zur Folge haben, dass extrinsisch motivierte Mitarbeiter eine stetige Erhöhung der extrinischen Anreize (leistungs-abhängiger Löhne) fordern, um ein Arbeits-niveau zu halten

Problembereiche (nach Pfister & Lippmann, 2019, S.670 ff.)	Erklärung	Intrinsische Vorteile	Intrinsisch Nachteile	Extrinsisch Vorteile	Extrinsisch Nachteile
Limitation	Variable Vergütung ist zumeist abhängig von Branche und Position in Unternehmen (bspw. erhalten Führugsverantwortliche eher variable Vergütung als Mitarbeiter ohne Führungsverantwortung)	Stärkung der Basisbedürfnisse, da variable Leistungslöhne zumeist bei Führungsverantwortlichen gezahlt werden, die sich dadurch in ihrer Kompetenz und Autonomie bestätigt fühlen und vom Rest der Arbeitnehmer abgrenzen können	Reduzierung des Basisbedürfnisses der sozialen Eingebundenheit, da zwei Lager entstehen, bei dem die Führungsverantwortlichen mit variablen Leistungslohn jedoch nicht auf eine soziale Verbindung zueinander hoffen dürfen, da zwischen ihnen der Kampf um den höchsten leistungsabhängigen Lohn besteht	Eine Limitation der variablen Vergütung auf eine Gruppe bringt den Vorteil, dass sich diese Gruppe stark bemüht, um einen Großteil der lohnabhängigen Leistung zu erbringen, was den Gesamterfolg ankurbeln könnte	Besteht eine Limitation und damit Zweiklassen-Arbeitnehmer-schaft, initiiert das System eine Feindschaft, bei der die Arbeitnehmer ohne Zugang zu variablen Leistungslöhnen per se ohne Wohlwollen einem Kollegen mit Zugang zu variablen Leistungslöhnen entgegentreten.
Ausrichtung	Einseitig Ausrichtung variabler Vergütung auf Umsatz ohne Einbezug unternehmerischer Aspekte wie Deckungsbeitrag, Kosten etc.	Jegliche Beschneidung bzw. Eingrenzung des extrinsischen Anreizes der variablen Vergütung ist ein Vorteil aus Sicht intrinsischer Motivation, die dadurch weniger angegriffen werden kann	Besteht kein bzw. kaum Zusammenhang zwischen der intrinsisch motivierten Tätigkeit des Arbeitnehmers und dem Kriterium des Umsatzes, so schränkt die einseitige Ausrichtung sein intrinsisch motiviertes Bemühen ein	Besteht nur ein wesentliches Kriterium, an dem die variable Vergütung gemessen wird, so hilft es dem extrinsisch motivierten Mitarbeiter sich genau auf die Tätigkeiten zu konzentrieren, die dieses Kriterium beeinflussen können	Die Konzentration des extrinsisch motivieren Mitarbeiters auf das einseitige Kriterium des Umsatzes hat zu Folge, dass ihm zugeteilte Tätigkeiten mit anderem Fokus vernachlässigt werden

Probleme variabler Vergütungssysteme in Bezug auf deren Auswirkungen auf intrinsische und extrinsische Motivation (Quelle: Eigene Darstellung in Anlehnung an *Pfister & Lippmann*, 2019, S. 670 ff.)

3.7 Verbesserung einer fehlenden intrinsischen Motivation bei Arbeitnehmern

Zusammenfassend kann konstatiert werden, dass Motivation „das Resultat einer Wechselwirkung zwischen den Beweggründen und Zielen der Person einerseits und den Gelegenheiten, Anforderungen und Anregungen der Umwelt andererseits" (Pfister & Lippmann, 2019, S. 671) ist, dass Leistungsverhalten eines Mitarbeiters insgesamt, aber auch von seinen Fähigkeiten und Fertigkeiten (Können) abhängt (Schirmer & Woydt, 2016, S. 76). Dieses Modell beschreibt also die Erhöhung der Leistung eines Mitarbeiters aus Sicht der Führungskraft, indem an den zwei Faktoren Motivation (Wollen) und Können angesetzt wird. Weitere Aspekte, die der Führungsverantwortliche zu berücksichtigen hat, sind das soziale Dürfen bzw. soziale Normen, die innerhalb des Arbeitsumfeldes oft restriktiv wirken (z.B. neuartige Lösungswege die auf Ablehnung stoßen) und die in der Situation vorliegenden Handlungsspielräume (z.B. Maschinen die defekt oder Unterlagen die nicht rechtzeitig vorhanden sind). Damit wird deutlich, dass Führungskräfte nicht direkt auf die Motivation der Mitarbeiter einwirken können, aber Anreizstrukturen erarbeiten werden sollten, in denen sich der Mitarbeiter über ein gewöhnliches Maß hinaus bemüht. Ein Ansatzpunkt ist der Zusammenhang zwischen Arbeitszufriedenheit und motivationsbedingter Leistung. Wie bereits oben erwähnt, ist das Ziel einer Führungskraft die Erhöhung der Leistung eines Mitarbeiters. Demnach wird oft unterstellt, dass Motivation und Arbeitszufriedenheit das Gleiche ist und in einer höheren Leistung des Arbeitnehmers mündet. Nachdem bereits mehrfach in dieser Arbeit Motivation thematisiert wurde und zielgerichtetes Verhalten erklärt, beschreibt die Arbeitszufriedenheit die Differenz aus dem eigenen Anspruchsniveau und erlebter Bedürfnisbefriedigung sowie deren subjektive Wichtigkeit der Abweichung. Anders ausgedrückt, orientiert sich der Grad der Arbeitszufriedenheit für einen Mitarbeiter, an seinen Erwartungen an die Tätigkeit, wie diese dann im Anschluss befriedigt werden und misst der Abweichung ein individuelles Maß an subjektiv empfundener Bedeutung bei. Entscheidet sich eine Führungskraft somit, wie oft laienhaft von ihr angenommen, ausschließlich die Leistung auf Basis der Erhöhung der Arbeitszufriedenheit anzukurbeln, konnten bislang nur marginale Verbesserungen indiziert und aus empirischer Sicht festgestellt werden. Nichtsdestotrotz hat die Verbesserung der Arbeitszufriedenheit aus Sicht der Führungskraft ihre Berechtigung verdient und positive Auswirkungen auf weitere Variablen wie das Commitment (Verpflichtung dem Unternehmen gegenüber), dem psychischen Wohlbefinden (z.B. Burnout) sowie belegte Effekte auf die Gesundheit (Biemann und Weckmüller, 2013, S. 48).

Hauptansatzpunkt dieses nicht außer Acht zu lassenden Faktors der Arbeitszufriedenheit sind die zwei Dimensionen der Sinnhaftigkeit und Wertschätzung übertragener Aufgaben (bedeutsame, ganzheitliche Aufgaben, um vielfältige Fähigkeiten des Arbeitnehmers abzurufen) und die Unterstützung bei der Aufgabenerfüllung (da der Hilfe des Kollegen i.V. zur Hilfe der Führungskraft, weniger Bedeutung zugesprochen wird).

Um nun die motivationsbedingte Leistung eines Arbeitnehmers zu verbessern und im Sinne seiner individuellen intrinsischen Anreizstrukturen weitaus größere Effekte wie bei der Erhöhung der Arbeitszufriedenheit zu initiieren, benötigt es den Dreh- und Angelpunkt von Motivation: Ziele. In diesen Zielen stecken die Bedürfnisse und Motive eines Mitarbeiters und der Grund, weshalb eine Tätigkeit äußerst zielstrebig und engagiert verfolgt und die andere links liegen gelassen wird. Es gilt also aus Sicht der Führungskraft die angesprochenen Ansprüche der Organisation und die der Mitarbeiter durch Zielvereinbarungen zu koordinieren und in Tätigkeiten münden zu lassen. Der Führungskraft muss allgegenwärtig sein, dass Motivation ein Prozess mit mehreren Phasen ist (Rubikonmodell nach Heckhausen & Heckhausen 2006: 1. Vom Wählen; 2. über das Wollen; 3. bis zum Handeln; 4. und der Handlungsbewertung siehe Pfister & Lippmann, 2019, S. 664 ff.) und die Unterstützung an die jeweilige Phase angepasst werden sollte. Hierbei spielen die bereits angesprochenen individuellen Ausprägungen der Grundbedürfnisse eines Mitarbeiters (Leistung, Macht und Anschluss) eine genauso zentrale Rolle, wie die empirisch belegte Motivationspotentialformel von Oldham und Hackman aus dem Jahre 1980. Beide Forscher konnten bei höchstmöglicher Abdeckung der fünf Kernvariablen Vielseitigkeit, Ganzheitlichkeit, Bedeutung, Autonomie und Rückmeldung äußerst positive Folgen auf intrinsische Motivation, Leistung, Zufriedenheit und Fluktuation feststellen (Pfister & Lippmann, 2019, S. 662-663). Damit wird erneut deutlich, wie wichtig eine sinnstiftende, abwechslungsreiche und ganzheitliche Aufgabengestaltung für die Motivation des Mitarbeiters ist (Pfister und Lippmann, 2019, S. 672).

Führen durch Ziele ist somit eine der erfolgreichsten und wirksamsten Führungsmethoden aus Sicht der Führungskraft. Das hier beschriebene Management by Objectives, zu deutsch "Führen durch Zielvereinbarungen", verfolgt den Ansatz des Problemlösungszykluses und richtet das Verhalten der Organisationsmitglieder auf die gemeinsamen Organisationsziele aus. Ausgehend von der Grundannahme nach Steiger 2013 (Pfister & Lippmann, 2019, S. 676), verfolgt menschliches Handeln immer einen bestimmten Zweck bzw. eine bestimmte Absicht und ist somit intentional (nach dem Wort Intention = Absicht), um die aktuellen, individuellen Grundbedürfnisse nach Grawe (Bindung und Zugehörigkeit, Orientierung und Kontrolle, Lustgewinnung und

Unlustvermeidung, Selbstwerterhöhung und -schutz) zu befriedigen (Grawe, 2000). Das MbO (Management by Objectives) verbindet somit sowohl die organisationale als auch die individuelle Ebene auf Basis der Phasen des Problemlösungsprozess, bei der ausgehend von einer Situationsanalyse, Ziele definiert werden, um anschließend Lösungsvarianten zu entwicklen. Unterschied zum beschriebenen Problemlösungsprozess im Vergleich zum MbO, ist die Delegation der Phasen: Lösungsentwicklung, Entscheidung und Umsetzung an die zielverantwortliche Person, Gruppe oder Organisationseinheit. Das Zusammenspiel aus Prozessen wie Vision und Strategie, Controlling und Innovation, Personalplanung und -einsatz, Leitbild und Kultur macht das MbO zu einem „Kernprozess der Organisationssteuerung" (Pfister & Lippmann, 2019, S. 677) und ermöglicht als Führen durch gemeinsam (Vorgesetzter und Mitarbeiter) getroffene Zielvereinbarungen, die Ausrichtung der gesamten Organisation auf die existenziellen Aufgaben (Pfister & Lippmann, 2019, S. 682).

Schmidt und Kleinbeck unterstreichen die oben genannten Ausführungen mit ihrer Definition über Zielvereinbarungen wie folgt:

„Zielvereinbarungen stellen ein wirksames Führungsinstrument dar, das Einfluss darauf nimmt, wie Mitarbeiter ihre individuellen Ressourcen an Zeit und Energie auf die verschiedenen Arbeitsaufgaben und -aktivitäten verteilen. Daneben können Zielvereinbarungen aber auch die motivatonalen und sozialen Kompetenzen von Personen stärken sowie die Entwicklung arbeitsrelevanter Fertigkeiten und Kenntnisse fördern" (Schmidt und Kleinbeck, 2006, S. 2)

Literaturverzeichnis

Allwin (2020). *Was ist variabel Vergütung?.* Zugriff am 29.06.2020. Verfügbar unter
https://allwin.de/was-ist-variable-verguetung/

Biermann, T., Weckmüller, H. (2013). *Zufriedene Mitarbeiter sind gute Mitarbeiter?*
Personal quarterly, 65(4), 46-49

Bundesministerium für Arbeit und Soziales (2018). *Variable Vergütungssysteme.* Zugriff
am 29.06.2020. Verfügbar unter https://www.bmas.de/SharedDocs/Downloads/DE/PDF-
Publikationen/a891-variable-verfuetungssysteme.pdf?__blob=publicationFile&v=1

Georgopoulus, B.S., Mahoney, C.M. & Jones, N.W. (1957). *Path Goal Approach to
Productivity.* In Journal of Applied Psychology, 41.

Grawe, K. (2000). *Psychologische Therapie.* Zugriff am 29.06.2020. Verfügbar unter
https://www.klaus-grawe-institut.ch/blog/1205/ Göttingen: Hogrefe

Heckhausen, J., Heckhausen, H. (2018). *Motivation und Handeln.* (5. Auflage). Berlin.
Springer Verlag.

Lippmann, E., Pfister, A. (2019). *Handbuch Angewandte Psychologie für
Führungskräfte - Führungskompetenz und Führungswissen.* (5. Auflage).
Berlin. Springer Verlag.

McClelland, D.C. (1985). *Human motivation.* Glenview, IL: Scott, Foresman and
Company

Neuberger, O. (2002). *Führen und führen lassen. Ansätze, Ergebnisse und Kritik der
Führungsforschung.* (6. Auflage). Stuttgart. UTB. Lucius & Lucius

Northhouse, P.G. (2016). *Leadership: theory and practice.* (7. Auflage). Thousand
Oaks: SAGE

Psychologie Uni Heidelberg (2020). *Allgemeine Theoretische Psychologie - Motivation.*
Zugriff am 29.06.2020. Verfügbar unter
https://www.psychologie.uni-heidelberg.de/ae/allg/lehre/wct/m/M03/M0302lei.htm

Stern (2020). *Forscher haben nachgerechnet: So viel Gehalt macht wirklich glücklich.*
Zugriff am 29.06.2020. Verfügbar unter
www.stern.de/wirtschaft/news/gehalt--so-viel-einkommen-macht-uns-wirklich-gluecklich-7924186.html

Rheinberg, F. (2004). *Motivation* (5. Auflage). Stuttgart. Kohlhammer Verlag.

Russell, B. (1938/2004). *Power: A new social analysis.* London Routledge.

Schmidt, K.H., Kleinbeck, U. (2006). *Führen mit Zielvereinbarung.* Göttingen. Hogrefe
Verlag

Schirmer, U., Woydt, S. (2016). *Mitarbeiterführung.* (3. Auflage). Berlin Heidelberg.
Springer Gabler Verlag.

Spisak, M., Della Picca, M. (2016). *Führungsfaktor Psychologie: Fragen aus der
Führungspraxis - Antworten der Psychologie.* (1. Auflage). Berlin. Springer
Verlag.

Welte-Bardtholdt, C. (2015). *Studienbrief: Motivation und Volition. Titel Nr. 1161-01 (1.
Auflage)* SRH Fernhochschule Riedlingen.

Yukl, G. (2013). *Leadership in organizations* (8. Auflage). Harlow: Pearson.